El cielo se está cayendo

The Sky is Falling

cometaroja

EL CIELO SE ESTÁ CAYENDO / THE SKY IS FALLING

Traducción: Alberto Jiménez Rioja
Revisión de los textos en inglés: Andrew Hastings
Maquetación: Cristina A. Rejas Manzanera
Ilustración: Ángeles Peinador
Diseño de cubierta: Daniel Jurado

Edita: Cometa Roja (Europharma Natural), 2022
Avda. Europa, 26, edificio Atica, n.º 5, 2ª
28224-Pozuelo de Alarcón, Madrid (España)
Contacto: 93 118 92 40

www.cometarojabooks.com

@cometarojabooks

ISBN: 978-84-17826-21-5
Depósito legal: M. 24450-2019

El cielo se está cayendo

The Sky is Falling

Ilustrado por Ángeles Peinador

Escanea y escucha

Audio en español de España

Audio en español de América

Scan and listen

Audio in British English

Audio in American English

Un precioso día, el Pollito Tito estaba comiendo maíz en el patio de su casa, cuando una bellota cayó de un roble y le golpeó en la cabeza.

—¡El cielo se está cayendo! Debo ir a avisar al rey —se dijo, y echó a correr ladera abajo.

One fine day, Chicken Little was eating corn in the garden, when an acorn fell from an oak tree onto his head.

"The sky is falling! I must go and tell the King," said he, running down the hill.

De camino pasó por la casa de Gallo Mayo, que estaba arreglando el tejado.

—Buenos días, Pollito Tito, ¿dónde vas tan deprisa? —le dijo.

—¡Oh, Gallo Mayo, el cielo se está cayendo! Debo avisar al rey —contestó Pollito Tito.

On his way he went near the house of Cocky Lockey, who was fixing the roof.

"Good morning, Chicken Little, where are you going in such a hurry?"

"Oh, Cocky, the sky is falling!" said he. "I must go and tell the King."

—¿Y cómo sabes que se está cayendo? —preguntó Gallo Mayo.

—Lo vi con mis ojos, lo escuché con mis oídos y una parte de él sobre mi cabeza ha caído —explicó Pollito Tito.

—Te acompañaré a avisar al rey —le dijo Gallo Mayo bajando de la escalera.

"And how do you know it is falling?" asked Cocky Lockey.

"I saw it with my eyes, heard it with my ears and a part of it fell on my head," said Chicken Little.

"I will come with you to tell the King," said Cocky Lockey, getting down the ladder.

Ambos se pusieron en camino, y al poco rato se encontraron con Pato Tato, que regresaba de darse su chapuzón matinal.

—Buenos días, ¿qué tal todo? —saludó Pato Tato.

—¡Muy mal! —contestó apresurado Gallo Mayo—. El cielo se está cayendo y vamos a avisar al rey.

The two of them went on their way, and they met Ducky Lucky coming back from his morning dip.

"Good morning, how's everything?" said Ducky Lucky.

"Oh, terrible!" answered Cocky Lockey promptly. "The sky is falling and we are going to tell the King."

—¿Y cómo sabes que el cielo se está cayendo? —preguntó intrigado Pato Tato.

—Pollito Tito me lo dijo —dijo Gallo Mayo.

—Yo lo vi con mis ojos, lo escuché con mis oídos y una parte de él sobre mi cabeza ha caído —explicó Pollito Tito.

—Si es así, yo también iré a avisar al rey —dijo Pato Tato alborotándose sus plumas.

"And how do you know the sky is falling?", asked the duck, intrigued.

"Chicken Little told me," said Cocky Lockey.

"I saw it with my eyes, heard it with my ears and a part of it fell on my head," said Chicken Little.

"If it is so, I will go to tell the King too," said Ducky Lucky ruffling his feathers.

Cuando los tres pasaron delante de la casa de Oca Moca, esta les paró.

—Buenos días, ¿ocurre algo? —preguntó Oca Moca.

—El cielo se está cayendo y vamos a avisar al rey —contestó Pato Tato.

—¿Y cómo sabes que el cielo se está cayendo? —preguntó Oca Moca.

When the three passed near the house of Goosey Loosey, she stopped them.

"Good morning, is something the matter?" asked Goosey Loosey.

"The sky is falling and we are going to tell the King," answered Ducky Lucky.

"And how do you know the sky is falling?" asked Goosey Loosey.

—Gallo Mayo me lo dijo —respondió Pato Tato.

—Y a mí me lo dijo Pollito Tito —añadió Gallo Mayo.

—Y yo lo vi con mis ojos, lo escuché con mis oídos y una parte de él sobre mi cabeza ha caído —explicó Pollito Tito.

"Cocky Lockey told me," said Ducky Lucky.

"And Chicken Little told me," said Cocky Lockey.

"And I saw it with my eyes, heard it with my ears and a part of it fell on my head," said Chicken Little.

—En ese caso yo también voy a avisar al rey —concluyó Oca Moca.

Caminaban las cuatro aves juntas cuando vieron a Pavo Gustavo trabajando en su jardín.

—Buenos días, ¿por qué esas caras de preocupación? —preguntó Pavo Gustavo.

"In that case, I shall also go to tell the King," concluded Goosey Loosey.

The four birds were walking along together when they saw Turkey Lurkey working in his garden.

"Good morning, why such worried faces?" asked Turkey Lurkey.

—El cielo se está cayendo y vamos a avisar al rey —contestó Oca Moca.

—¿Y cómo sabes que el cielo se está cayendo? —dijo extrañado el Pavo Gustavo.

—Pato Tato me lo dijo —explicó Oca Moca.

—Gallo Mayo me lo dijo —respondió Pato Tato.

"The sky is falling and we must go and tell the King," answered Goosey Loosey.

"And how do you know the sky is falling?" asked asked Turkey Lurkey, astonished.

"Ducky Lucky told me," explained Goosey Loosey.

"Cocky Lockey told me," said Ducky Lucky.

Iban a buen paso, cuando de entre los arbustos apareció Zorro Morro.

—Hola, amigos. Buen día para ir de excursión, ¿verdad? —dijo socarrón el zorro.

—El cielo se está cayendo y vamos a decírselo al rey —contestaron a coro todos.

They were walking along briskly when out of the bushes came Foxy Loxy.

"Hello, my friends. It is a good day to go for a hike, it is not?" said the sly fox.

"The sky is falling and we are going to tell the King," answered the birds in unison.

—Entonces por aquí. Este es el camino más corto para llegar a palacio.

—Eres tan amable... Te lo agradecemos mucho, porque tenemos prisa —dijo Pollito Tito mientras las otras aves asentían con la cabeza.

—¡Perfecto! ¡No tardaremos! —Y el zorro se puso en camino.

"Then come with me. This is the shortest way to the palace."

"You're so kind. We thank you very much because we're in a hurry" said Chicken Little while the other birds nodded.

"Perfect! We'll be there in no time!" And the fox set off on his way.

Subieron una escarpada colina, cruzaron un puente estrecho y bajaron por un empinado sendero hasta llegar a la entrada de una oscura cueva, lugar que, sin saberlo las aves, era la casa de Zorro Morro.

They climbed a high hill, crossed a narrow bridge and went down a steep path until they came to the entrance of a dark cave which, although the birds didn't know it, was the home of Foxy Loxy.

El astuto zorro, que ya se los imaginaba a todos en la cazuela, les dijo:

—¡Adelante, adelante! Hemos llegado.

Todas las aves fueron entrando, una a una, pero Pollito Tito, que era el último, se asustó y escapó tan rápido como pudo.

"Go in, go in! We are here," said the wily fox, who was already imagining them all in the pot.

All the birds went in, one by one, but Chicken Little, who was the last, grew frightened and ran away as fast as he could.

Subió el empinado sendero, cruzó el puente estrecho y bajó la escarpada colina, y continuó corriendo.

Dejó atrás el jardín de Pavo Gustavo, la casa de Oca Moca, el estanque de Pato Tato y la granja de Gallo Mayo.

He climbed the steep path, crossed the narrow bridge, went down the high hill, and kept on running.

He left behind the garden of Turkey Lurkey, the house of Goosey Loosey, the pond of Ducky Lucky and the farm of Cocky Lockey.

Y no dejó de correr hasta ver el roble que había al lado de su casa.

Cuando llegó, entró a la casa y cerró bien la puerta.

And he didn't stop running until he saw the oak tree next to his house.

When he arrived, he went into the house and shut the door.

Y el rey nunca llegó a enterarse de que el cielo se estaba cayendo.

And the King never found out that the sky was falling.

TÍTULOS DE LA COLECCIÓN

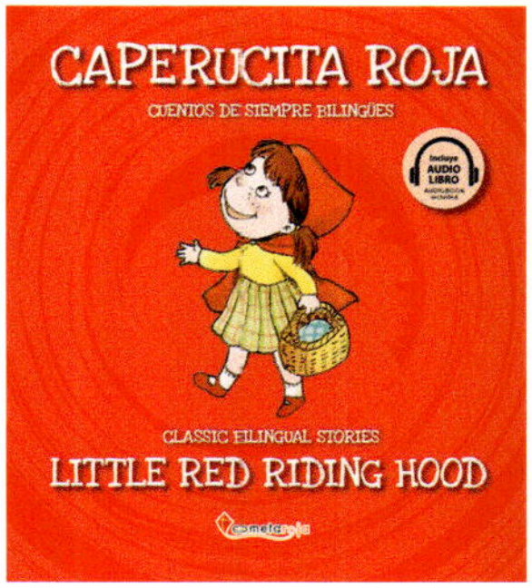

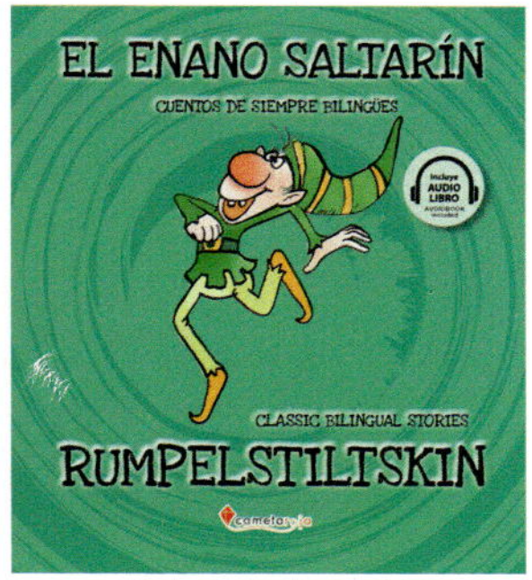

cometaroja